कैप्टन वीर प्रकाशः एक वीर

कैप्टन वीर प्रकाशः एक वीर

आलोक मिश्रा

KALPAZ

कैप्टन वीर प्रकाश : एक वीर

ISBN: 978-93-5128-012-5

मूल्य : 90/-

कल्पाज़ पब्लिकेशन्स,

सी–३०, सत्यवती नगर,

दिल्ली – 110052

Phone : 9212142040

ई–मेल : kalpaz@hotmail.com

टंकण कार्यः अवधेश कम्प्यूटर्स, दिल्ली

मुद्रितः जी. प्रिंट प्रोसैस, दिल्ली

भूमिका

ईश्वर ने जब इस सृष्टि की संरचना की तब उसका दिल अपनी संरचना को लेकर काफी गौरवांतिक महसूस कर रहा होगा। लेकिन आज की दशा को देखकर वह भी यह सोचने पर विवश हो जाए, कि उसकी यह संरचना कही कोई भूल तो नही! जैसे–जैसे मानव का विकास हुआ मानव ने अस्त्र–शस्त्र का दुरूपयोग करना शुरू कर दिया।

गीता, बाईबल व कुरान में भी प्रमाणित हो चुका है कि मानव अपने दुर्व्यवहार और कुदृष्टि की वजह से ही अपने धर्म और संस्कृति से दूर हो गया। भगवान, ने इस धरती को मानव को समर्पित किया था ताकि मानव धरती पर प्रेम और सोहार्द की परिभाषा प्रस्तुत कर सके, लेकिन मानव ने अपने छोटे–छोटे स्वार्थ को पूर्ण करने हेतु इस धरती को छोटे–छोटे गाँवो, कस्बो, शहरों एवं देशो मे विभाजित कर दिया।

शुरू से ही मानव की यह भूल रही है कि अस्त्र–शस्त्र दुनिया की सबसे बड़ी ताकत है, परन्तु मानव अपनी सभ्यता, अपनी धरोहर और अपनी संस्कृति से दूर होकर सिर्फ अपना ध्यान अस्त्र–शस्त्र रूपि ताकत पर ही केंद्रित करता है।

उक्त पुस्तक में लेखक ने कैप्टन वीर प्रकाश की जीवनी का वर्णन किया है जो कि एक साधारण मनुष्य, लेकिन उन्होने अपना जीवन सिर्फ दूसरो की भलाई और देश की सेवा के लिए समर्पित कर दिया!

कैप्टन वीर के जीवन को अगर हम ध्यान से देखेगें तो इसमें हम पाऐगे कि त्याग, बलिदान, क्षमा और जिम्मेदारी यह सभी प्रेम और सोहार्द का ही तो प्रतीक है।

उक्त पुस्तक में लेखक ने सिर्फ यह दर्शाने की कोशिश की है! कि दुश्मनी मानव के दिल के अंदर बैठा गुबार है जो सिर्फ उसके दुश्मन को ही नहीं अपितु उसको भी नुकसान पहुँचाता हैं। जो दुश्मनी के भाव से अपने सामने वाले को नुकसान पहुँचाने की चेष्टा करता है।

आतंकवाद जो हम सभी के लिए नया शब्द नहीं है। आतंकी जब कभी–कहीं भी अपने आतंक को फैलाने की चेष्टा करते हैं। तब उनके हृदय में यह बात क्यों नहीं आती कि वो जिसको भी क्षती पहुँचाते है। वो भी किसी के बच्चे, पिता भाई, पति और किसी की बहने होंगी। क्या उनको एक पल भी यह एहसास नहीं होता कि शायद इनमें से कोई उनका भी रह होगा।

कैप्टन वीर प्रकाशः

एक वीर

जिंदगी का अंत हमारे
हाथ में होता है।

कैप्टन वीर प्रकाशः एक वीर

आज पूरा राघवपुर दुःख में डुबा हुआ था। ऐसा प्रतीत हो रहा था जैसे आज पूरा शहर अश्रुंओं के सैलाब में बह जायेगा। आज हर कोई इस वीर की अन्तिम यात्रा में शामिल होना चाहता था। ''कैप्टन वीर प्रकाश अमर रहे। जब तक सूरज चाँद रहेगा वीर तेरा नाम रहेगा। ऐसे ही गुंजायमान उद्घोषों के साथ सारा अम्बर गुंजायमान हो रहा था। आज सभी उस वीर की आखिरी सूरत देखना चाहते थे। एक वृद्ध व्यक्ति जो किसी कोने में खड़ा हतप्रभ–सा यह सब देख रहा था, कि तभी कुछ लोगों ने उस व्यक्ति से कहा– ''बाबा, वीर के बारे में सोच रहे हो क्या।'' बाबा ने नम आंखों से उन लोगों की तरफ देखा और कहा– ''हाँ बेटा, देख रहा हूं। जहाँ ये लोग मेरे वीर की वीरता का बखान कर रहे हैं।, वहीं पर इन लोगों ने बचपन से लेकर आज तक उसे कभी नहीं अपनाया। उस बेचारे को बचपन से लेकर आज तक न तो माँ–बाप का सुख मिला और न ही सच्चा प्यार मिला।''

मुझे आज भी याद है वो काली रात। जब मैं दुकान से अपना काम खत्म कर के घर को आ रहा था। तभी मैंने पास कहीं किसी बच्चे के रोने की आवाज सुनी। मैं भी परेशान था, कि इतनी रात को इस सुनसान सड़क पर बच्चे के रोने की आवाज कहाँ से आ रही है, तभी मेरी नजर कुड़े के ढेर पर पड़ी, वहीं पास में एक–दो माह का बच्चा भूख के कारण तड़प रहा था। मुझसे देखा न गया, मैं उस बालक को अपने साथ ले आया। मैं उस बच्चे को पाकर बहुत खुश था। मैंने सोचा, चलो मनोरमा की सुनी गोद हरी हो जाएगी। लेकिन यह बच्चा किसका है यह बात मुझे अंदर ही अंदर झकझोर रही थी। मैं

उस बच्चे को अपने साथ ले आया। मनोरमा भी इस बच्चे को पाकर बहुत खुश थी। इसके बावजूद भी हमने इसके माँ–बाप को ढूढ़ने की बहुत कोशिश की किन्तु सफलता नहीं मिली। हमने इस बालक को भगवान का प्रसाद समझकर अपने पास रख लिया। दो साल तक तो सब कुछ ठीक–ठाक चला लेकिन जब भगवान ने हमारी जिंदगी में खुशियों का फूल खिलाया तब यह फूल मुर्झाने लगा। मनोरमा का प्यार धीरे–धीरे इस बच्चे की तरफ कम होने लगा। हमने इस बच्चे का नाम वीर रखा था। शायद इसी नाम के स्वरूप वह स्वभाव से भी वीर था। वह सदा मुस्कुराता रहता था। उसने कभी भी हमसे किसी बात की जिद न की। पर न जाने क्यों, वीर मनोरमा को खटकने लगा था। वो इस नन्ही सी जान से घर का सारा काम करवाती थी। वीर भी बिना कुछ कहें सारा काम हँसते–हँसते करता रहता था। धीरे–धीरे समय यूही गुजरता गया, मनोरमा का व्यवहार और भी निष्ठूर होता गया। लेकिन मनोरमा मेरे सामने हमेशा उससे प्यार का ढोंग करती रहती थी। एक दिन जब मैं दुकान से आया तो मैंने देखा वीर बाहर बरामदे में सो रहा था। मुझे भी आश्चर्य हुआ कि दिसंबर के महीने में बिना कम्बल के यह पांच वर्ष का बालक यूहीं फर्श पर क्यों पड़ा है। मैं जब उसके पास गया तो मैंने पाया, उसका शरीर बुखार से बुरी तरह से तप रहा था। उस दिन मुझे अपने आप से घृणा हो रही थी। मुझे ऐसा प्रतीत हो रहा था कि यह बेचारा हममें अपने माँ–बाप को ढूंढ़ रहा था और हम इस बेचारे के साथ दुश्मनों की तरह व्यवहार करते हैं, भले ही उसके इस हाल में मेरा कोई दोष न हो पर मैं भी अपने आप को इस नन्हें से बालक का गुनहगार मान रहा था। उस रात मेरी और मनोरमा के बीच काफी बहस हुई। उस रात

मनोरमा ने वीर को लेकर मेरे ऊपर काफी प्रत्यारोप लगाए। उसने वीर को नाली के कीड़े के बराबर समझा। मनोरमा ने सीधे तौर पर कह दिया कि अगर वीर इस घर में रहेगा, तो वह अपने बच्चे को लेकर मायके चली जाएगी। मुझे आज तक यह समझ में नहीं आया कि मनोरमा वीर से इतनी घृणा क्यों करती थी, इसी वीर को मनोरमा अपनी जान से ज्यादा चाहती थी। मैंने मनोरमा को काफी समझाने का यत्न किया, लेकिन उसने मेरी एक न सुनी। उसका फैसला अटल था। हमारे इस बहस का वीर पर कुछ गहरा ही असर पड़ा। वह इसके बाद वहां पर नहीं दिखा। शायद उसको यह अहसारा हो गया था कि इस दुनिया में उसका कोई नहीं है। मैं हमेशा अपने आप को उसका दोषी मानता हूं, क्योंकि मुझे ऐसा लगता है जैसे मैंने उसके साथ बहुत बड़ा अन्याय किया हो।''

तभी कर्नल विक्रम जी वहाँ आकर कहने लगे, ''मनोहर जी, वीर की अंत्येष्ठी आप करेगें?'' वह वृद्ध व्यक्ति पथरीली आंखों से कर्नल साहब को देखने लगा। विक्रम जी ने कहा ''देखो, मनोहर जी, वीरों की शहादत पर ऐसे अश्रु नहीं बहाया करते, और फिर वीर तो वीरों का भी वीर था, आज यह पूरा देश वीर का शुक्रगुजार है क्योंकि अगर आज यहाँ अमन और शांति है तो वह सिर्फ हमारे वीर की वजह से ही संभव है। वीर हमारे रेजीमेन्ट की शान था। वह हमेशा कहा करता था 'कि ''मौत को मार कर मरो,। मौत से पहले मरना क्या'। किसी भी चुनौतीपूर्ण कार्य के लिए वीर सदा ही तैयार रहता था और किसी भी कार्य के लिए उसने हमें निराश नहीं किया।''

यह सब कहते हुए विक्रम जी की आखें नम हो गई। शब्द लड़खड़ाने लगे थे। तभी उन्हें पीछे से किसी ने टोका, ''साहब,

हमें भी वीर जी के बारे में बताइए न, मैं भी वीर बनना चाहता हूं," यह आवाज एक सात वर्ष के मासूम की आवाज थी, पर वहाँ लोंगो का काफी हुजूम था जो वीर के बारे में जानना चाहते थे। कौन था यह वीर? इसका इस जगह से क्या नाता? यह शहीद कैसे हुआ, और इसने ऐसा क्या कर दिया जिससे यह सारा देश ही नहीं अपितु पड़ोसी देश भी उसके अहसानों तले दब गया था? वीर कोई देव था या मानव?

विक्रम जी कहने लगे, वीर हमारी आन–बान और शान था। मैं "वीर को ज्यादा तो नहीं जानता था पर मेरी मुलाकात उससे तीन वर्ष पूर्व हुई थी, जब वह नया–नया कमीशन लेकर हमारे रेजीमेन्ट में आया था उस वक्त मैं उस युनिट में कार्यरत था। हम सैनिकों की जिंदगी भी अपने आप में रोमांचक होती है। चाहे हमें किसी भी दशा में क्यों न रखा जाए। हम उसमें भी जीने का मकसद खोज ही लेते है। लेकिन सैनिक कभी भी हतोत्साहित नहीं होता। अगर मैं यह कहूं कि सैनिक की जिंदगी किसी तपस्या से कम नहीं होती तो शत–प्रतिशत सही होगा।

वीर तो तपस्वियों का भी तपस्वी था। उसने हर हालत में हँसना सीख लिया था। हम सभी उस वक्त श्रीनगर में तैनात थे। श्रीनगर जिसे धरती का स्वर्ग कहा जाता है, लेकिन ठण्ड के मौसम में वहां पर शायद देव भी नहीं रूकना चाहेंगे, उसकी सर्द हवाएं मुर्दो को भी उठाने के लिए काफी होती हैं और यही वह वक्त होता है जब पड़ोसी हमारे देश में अपने नुमाइंदे भेज कर हमारी अखण्डता पर प्रहार करते हैं। हम उन नुमाइंदों को रोकने के लिए ही अपना–घर परिवार छोड़कर इन वीरान पहाड़ियों में अपने फर्ज को अंजाम देते हैं। वीर उन इन्सानों में था, जिसने शायद पहले से ही अपने आप को इन हालातों के

लिए तैयार कर लिया था, एक सैनिक की सबसे बड़ी खासियत यह होती है कि वह ऊपर से जितना भी कठोर हो पर अंदर से वह मोम ही होता है। जहाँ और लोगों के पास दूसरों का दुःख बांटने का समय नहीं होता, वहीं हम अपने साथियों के लिए अपनी जान तक कुर्बान कर देते हैं। कुछ ऐसे ही लोगों में वीर भी था, क्योंकि वह यह मानता था कि उसके हर साथी की जान उसकी जान से कहीं अधिक किमती है। वह रात–रात भर जवानों के बीच जाता जहां वो अपनी ड्यूटी देते और उनमें उत्साह और जोश भरता, जवान भी उसे भगवान मानते थे। वह हर हालत में संयम से काम लेता था। उसके इस आचरण की वजह से ही उससे सभी बहुत प्यार करते थे। लेकिन एक दिन उस घटना ने मुझे उसका कायल बना दिया था।

एक दिन हम किसी कार्य से बाहर गए थे। उस वक्त हम सिर्फ पांच ही लोग थे जिसमें हम दो अधिकारी और साथ में तीन जवान। अचानक हमारे ऊपर गोलियों के चलने की आवाज आई।, इस अचानक हुए हमले से पहले तो हम थोड़ा घबराए। फिर हमने जवाबी कार्यवाही करने के लिए पोजीशन ले लिया। तब हमने देखा आतंकियों का 15 से 16 का समुह हमारी तरफ ही बढ़ रहा था। यह देखकर हम उनको जवाब देने की सोच ही रहे थे कि तभी वीर ने मुझसे कहा,। 'सर आपकी जिंदगी हमारी रेजीमेन्ट के लिए बहुत किमती है, अतः आप एक जवान लेकर यहाँ से निकल जाईयें। तब तक मैं इनको सम्भालता हूं। इस दौरान वे हमारे काफी करीब आ गए थे। इन हालातों में हम अक्सर दुश्मन को बर्बाद ही करते हैं लेकिन हमने कभी ऐसा नहीं सोचा होगा कि दुश्मन बिना हमें नुकसान पहुचाए स्वयं ही खत्म हो जाएगा। बिना एक गोली चले वो सारे के सारे आंतकी मौत के ग्रास बन जाएंगे और यह कारनामा वीर ने कर

दिखाया। उसने पहले तो हम सभी को वहां से बाहर निकाला, फिर वह खुद उसी पत्थर के पीछे जा छुपा जहां वो आंतकी हमें ढुढ़ने आ रहे थे। वीर ने मुझे से वादा किया था कि वो भी हमारे साथ ही यूनिट में आएगा, बस हमें उस पर भरोसा करना था। हम किसी भी आपात स्थिति से निपटने के लिए तैयार थे, तभी अचानक मैंने गोलियों के चलने की आवाज सुनी, गोलियाँ वीर ही चला रहा था, लेकिन इस तरह जैसे कोई नौसीखिया चला रहा हो, क्योंकि अगर एक फौजी गोली चलाएगा तो उसकी हर एक गोली पर दुश्मन का नाम होगा, पर वीर के इस हरकत से ऐसा लग रहा था कि वह दुश्मनों को मारने के लिए नहीं अपितु उन्हें अपनी तरफ बुलाने के लिए फायर कर रहा हो। गोलियों की आवाज सुन सारे के सारे आंतकी उसी दिशा में बढ़ने लगे। यह सब नज़ारा हम सब देख रहे थे, और सोच रहे थे कि आखिर वीर करने वाला क्या है? हमें ऐसा प्रतीत हो रहा था जैसे वह खुदकुशी करने जा रहा हो।

जब सारे आंतकी वीर के काफी करीब पहुंचने वाले थे तभी हमने एक जोरदार विस्फोट की आवाज सुनी। उस विस्फोटक आवाज के पश्चात वहां सिर्फ मौत का सन्नाटा था और था तो सिर्फ दर्द से कराहते कुछ आतंकी। हमने भी अपनी पोजिशन संम्भाल ली और धीरे–धीरे घटनास्थल की तरफ बढने लगे थे। वहाँ पहुँचकर हम सभी की आखें फटी की फटी रह गयीं हमने देखा वीर एकदम भला। चंगा था और वह हर आंतकी की तलाशी ले रहा था, यह देख मुझे काफी आश्चर्य हुआ कि इतने बड़े विस्फोट के बावजूद जहाँ एक आदमी के चिथड़े उड़ जाने चाहिए थे वहीं वीर को मामुली खरोचें कैसे आई थीं। खैर। उस वक्त मैंने उससे कुछ भी पूछना सही नहीं समझा और हेडक्वाटर

को इस घटना के बारे में सूचित कर दिया। वहाँ पर हमने देखा कुछ आतंकी तो मौत के साथ चलने को राजी हो गए थे पर कुछ अभी भी जिंदगी और मौत के बीच चुनाव कर रहे थे। बचे हुए आतंकियों को हमने हिरासत में ले लिया, तभी हमारी सहायता के लिए और भी जवान वहां आ गए। उस दिन की घटना हमेशा मेरे जहन में घुमती थी कि आखिर इतना बड़ा विस्फोट हुआ कैसे और उस विस्फोट से वीर कैसे बच निकला? वीर से मैंने आखिर उस घटना के बारे में कुछ जानने के लिए पूछ ही लिया, "वीर, आखिर तुमने ऐसा क्या कारनामा किया जिससे हम सभी सही। सलामत वहां से बच निकले और तुम्हें भी कुछ नहीं हुआ। मेरा यह प्रश्न सुनकर वीर मुस्कुराया और कहने 'लगा' सर मौत भी एक हंसी दुल्हन की तरह होती है और जिंदगी एक बेवफा प्यार की तरह। जिस प्रकार हम सभी सच्चा प्यार पाने की इच्छा तो रखते हैं पर हम किसी को सच्चा प्यार नसीब नहीं होता, उसी प्रकार हर कोई जीने की इच्छा रखता है पर जिंदगी कभी किसी को नसीब नहीं होती, मौत आकर हमें जिंदगी से दूर ले जाती है जहाँ सिर्फ शांति ही शांति है। मैं इस बात को अच्छी तरह से जानता हूं क्योंकि मेरा सामना अक्सर जिंदगी और मौत दोनों से बहुत करीब से हुआ है। उस वक्त जब हम उस चट्टान के पीछे छिपे थे वहीं मैंने एक छोटी सी संकरी गुफा देखी था। उस गुफा को देखते ही मेरे दिल में यह ख्याल आया था कि हम बिना एक गोली चलाए दुश्मन को खत्म कर सकते हैं। इसलिए मैंने पहले आप लोगों को वहां से बाहर निकाला क्योंकि उस गुफा में सिर्फ एक ही व्यक्ति छिप सकता था और अगर वो आतंकी वहां आ जाते तो मुमकिन है कि वो भी उस गुफा को देख लेते। आप लोगों को बाहर निकालने के बाद मैंने पास रखे पाँचों ग्रेनेड निकाले और उन्हें एक जगह

इस प्रकार रखा कि उन सभी का पिन रस्सी के द्वारा आसानी से खोला जा सके, फिर मैंने उस रस्सी को ग्रेनेड़ों के पिन से बांध दिया तथा रस्सी का एक हिस्सा पकड़ कर गुफा में चला गया, क्योंकि वह गुफा संकरा था और अंदर छुपाव के लिए काफी जगह थी। मैंने अपने आप को छिपा लिया। जब मुझे यकीन हो गया कि मैं सफलतापूर्वक दुश्मनों को खत्म कर सकता हूं तब मैं गुफा से बाहर आया और उनके हरकतों पर नजर रखने लगा। उनमें से कुछ आतंकी इधर–उधर बिखरकर हमें ढूंढ़ रहे थे क्योंकि उन्हें शायद यह यकीन हो कि हम सिर्फ चार या पांच ही तो हैं, वे हमें आसानी से खत्म कर सकते हैं। मैंने उनका यह इरादा पहले ही भाप लिया था, और फिर उन्हें अपनी तरफ आकर्षित करने के लिए मैं चारों तरफ फायर करने लगा। मेरा यह अनुमान सही निकला, वे हमारे ही तलाश में थे जब वे मेरे काफी करीब आ गए। उस वक्त मैंने अपने आप को उस गुफा में छिपा लिया और जब मुझे यह यकीन हो गया कि मैं अब आसानी से उन्हें खत्म कर सकता हूं तब मैंने वह रस्सी खींच दी और उसके बाद तो आपको यह पता ही है कि आगे क्या हुआ।'

वीर इन सारी घटनाओं को बड़े शांत स्वभाव से बयान कर रहा था, जैसे उसको पहले भी इसका अच्छा अनुभव हो। मैंने उससे पूछा, 'यार' मैंने सुना है कि इन्सान सिर्फ मौत से ही डरता है, और मौत जब हमारे सामने होती है तब हमें कुछ भी समझ नहीं आता, हमारा दिमाग भी साथ छोड़ देता है। इस कठिन स्थिति में भी तुम यह सब कैसे प्लान कर लिए' यह सुनकर वीर हँसने लगा और उसने कहा 'सर' मौत तो वह हसीन दुल्हन होती है, जो हर किसी के नसीब में होती है, पर किसी को जल्दी मिलती है तो किसी को इन्तजार करना पड़ता

है। और जिंदगी उस बेवफा प्यार की तरह होती है जहाँ कुछ पल तो अच्छी लगती है। पर कब साथ छोड़ जाए उसका कुछ पता नहीं। मैंने जिंदगी और मौत को बड़े करीब से देखा है इसलिए मैं किसी भी स्थिति में अपना आपा नही खोता। और शायद मैं इसी कारण कोई भी नामुमकिन कार्य कर लेता हूं। वीर की यह बातें सुनकर मुझे उसे जानने की इच्छा और भी प्रबल हुई। मैं उसका कायल हो गया। वह सही मायने में एक सच्चा सैनिक था जिसके अंदर दया और वीरता कूट–कूट कर भरी थी। उस शाम मैं उसके कमरे पर स्वयं गया, उस वक्त वह शायद कुछ लिख रहा था, मुझे सामने देख वह उठ खड़ा हुआ। 'जय' हिन्द सर' आइए सर अंदर आइए! मैं अंदर आकर एक चेयर पर बैठ गया मैंने वीर से पूछा, 'तुम कैसे हो और क्या लिख रहे थें।'

वीर कहने लगा, 'कुछ नहीं सर' बस थोड़ा डायरी लिख रहा था। और बताइए सर कैसे आना हुआ।, न जाने क्यों मुझे ऐसा लग रहा था कि जैसे इस शांत इन्सान के पीछे जरूर ऐसा कुछ तुफान था जिसे हम सभी नहीं देख पा रहे थें

मैंने वीर से कहा, 'कुछ अपने बारे में बताओं।' मेरा यह प्रश्न सुनते ही वीर के चेहरे पर एक अजीब सी मुस्कुराहट थी, उसने कहा, 'सर मेरी जिंदगी तो एक खुली किताब है। मैं आपको क्या बताऊँ।'

मैं राघवपुर का रहने वाला हूं सर! पर वहां मेरा कोई नहीं है। मैं वहां पर श्री मनोहर चौधरी के घर पला–बढ़ा। मुझे यह तो नहीं पता कि मैं उनके घर कैसे आया, पर इतना पता था कि मैं उनका खुन नहीं हूं, मैं प्यार से मनोहर जी को बाबा कहता था। एक रोज मेरे वजूद को लेकर बाबा और माँ के बीच

बहुत झगड़ा हुआ, उस वक्त मुझे पहली बार यह अहसास हुआ कि मेरा उन लोगों से कोई संबंध नहीं है। मैं जिस प्यार पर अपना हक समझता था, वह प्यार सिर्फ किसी की दया थी और उस दिन मेरी वजह से उनका घर बिखर रहा था, शायद यही सोचकर मैं वहां से दूर चला गया। जब मैं घर से निकला उस वक्त मुझे यह पता नहीं था कि मुझे जाना कहाँ है, किसके पास जाना है, पर इतना पता था कि यहां से मुझे काफी दूर चले जाना चाहिये और मैं घर छोड़कर रेलवे स्टेशन आ गया। हमारे घर से रेलवे स्टेशन काफी करीब था, इसलिए मैं असानी से वहां पहुंच गया। मुझे कुछ भी नहीं सुझ रहा था कि मुझे कहाँ जाना है और क्या करना है? उस वक्त ठंड भी काफी थी और मुझे नींद भी आ रही थी। मैंने पास ही खड़ी एक मालगाड़ी में बैठने का फैसला किया। उस समय ठंढ काफी होने की वजह से ऐसा लग रहा था जैसे मेरा पूरा शरीर बर्फ बन गया हो। फिर न जाने मुझे कब नींद आ गई।

तब मैंने अपने आप को एक अस्पताल में पाया। उस वक्त कुछ पुलिस वाले और अस्पताल के कुछ कर्मचारी मेरे पास थे, सभी सिर्फ मुझे ही घूर रहे थे। उनकी आखों में अजीब–सा प्रश्न था। तभी एक पुलिस वाले ने मुझसे पूछा, 'बेटा तुम कौन हो और उस मालगाड़ी में क्या कर रहे थें मैं चुप रहा, वहां उन लोगों से मुझे पता चला कि पिछले एक हफ्ते से मैं इस अस्पताल में था। वहां से निकलने के बाद मुझे सारा जहां बदला–बदला नजर आ रहा था। वहाँ सिर्फ ऊँची–ऊँची इमारतें थीं और सड़कों पर दौड़ती गाड़ियाँ', वहां न तो किसी के पास किसी के लिए समय था और न ही ऐसा कोई जो मुझे जानता हो। भूख और प्यास से मेरा हाल बेहाल हो रहा था। मुझे कुछ

समझ नहीं आ रहा था कि मैं कहाँ जाऊँ और क्या करूँ। मैं अभी अपने आगे के भविष्य के बारे में सोच ही रहा था कि तभी पीछे से किसी ने मुझे पुकारा– 'कहाँ से आए हो, क्या नाम है तुम्हारा। मैं जब पीछे मुड़कर देखा, तो उस वक्त एक औरत मेरी तरफ देख रही थी। उसने मुझसे पूछा, 'तुम कौन हो बेटा, और यहाँ क्या कर रहे हो। मैं आश्चर्य से उस औरत को देख ही रहा था कि अचानक वह औरत स्वयं मेरे पास आई और बोली, 'बेटा बोलों कौन हो तुम?'

मैंने उस औरत को अपने बारे में सब कुछ बताया और रोने लगा। मेरी बातों को सुनकर वह औरत मुझसे कहने लगी, बेटा, मैं उस अस्पताल से ही तुम्हारे पीछे थी। मैं उस अस्पताल में नर्स हूं। जब तुम्हें यहाँ लाया गया था उस वक्त तुम बेहोश थें। अतः हम तुम्हारे बारे में ज्यादा नहीं जान सके। यह मुम्बई है और यहाँ किसी के पास भी किसी के लिए समय नहीं होता। तुम इस शहर में किसके पास रहोगे और क्या करोगें। अच्छा है कि तुम मेरे साथ मेरे घर चलों मेरे पास भी इसके आलावा और कोई रास्ता नहीं था, बिना एक पल सोचे, न जाने क्यों मैं उस औरत के साथ चला गया। वहाँ पहुंचते ही पहले तो मैंने जी भर कर खाना खाया और फिर सो गया। सोकर उठने के पश्चात घर का थोड़ा का काम किया, तभी एक छोटी सी लड़की मरे पास आई और बोलने लगी, 'भैया मेरा नाम नेहा है, क्या आप मेरे साथ खेलोगे, यहां मेरे साथ खेलने वाला कोई नहीं है उस वक्त उसकी बातें न जाने क्यों मुझे दिल तक छु गई। पहली बार मुझे भी अपनेपन का एहसास हुआ था। ऐसा लगा जैसे जो प्यार मैं हमेशा से ढूढ़ता था वह प्यार इस नन्हीं सी जान ने मुझे दे दिया। तकदीर भी कैसा–कैसा खेल खेलती है

हमारे साथ, हमें ऐसा लगता है जैसे हम इस दुनियां में अकेले हैं और कभी दुनिया हमें अपनी लगने लगती है। कुछ ऐसा ही किस्मत ने मेरे साथ खेल खेला था उस वक्त। वह शाम मेरा नेहा के साथ खेलते हुए बीता, नेहा भी मुझे पाकर बहुत खुश थी। उसे भी एक भाई मिल गया था। तभी अस्पताल से वह औरत आई, उसके आते ही नेहा मम्मी कहते हुए उसकी गोद में लिपट गई। वह औरत नेहा की माँ थी, मैं यह कहूं वह मेरी भी माँ थी तो यह गलत नहीं होगा उसने मुझे प्यार से अपने पास बैठाया और कहा, 'बेटा यह घर अब तुम्हारा भी है। न जाने क्यों मुझे ऐसा लगता है जैसे तुमसे मेरा वर्षो का नाता है, और उस रिश्ते की 'वजह' से तुम भी मुझे 'माँ' कह सकते हो। उस देवी का नाम शांता माँ था। वह वास्तव में देवी का रूप थीं। शांता माँ के चेहरे पर अजीब–सा तेज था वह कभी दुखी नहीं होती थी, और न ही मैंने कभी उन्हें जिंदगी से निराश होते देखा। मेरा कुछ दिन तो वहां पर ऐसे ही बीता फिर एक दिन मे। बाजार से घर का कुछ सामान लेकिन आया तो मैंने देखा कि शांता माँ रो रही थी और कुछ लोग घर से बाहर निकल रहे थे। मैं जब माँ के पास पहुंचा तब तक माँ ने अपने आसुओं को पोंछ लिया और किचन में चली गई। मुझ से रहा नहीं गया। मैं भी माँ के पास चला गया मेरे साथ–साथ नेहा भी माँ के पास चली आई थी। हम दोनों को देख माँ ने हमें गले से लगा लिया और रोने लगी। उस रात घर में चुल्हा नहीं जला था। हम तीनों में से किसी ने खाने को हाथ भी नहीं लगाया था। रात को सोते वक्त मैंने माँ से पूछा, 'माँ' वे लोग कौन थे, और आज तुम क्यों रो रही थीं? पहले तो माँ खामोश रही और फिर एक तस्वीर की तरफ देखने लगी, 'मैने' पूछा यह, 'कौन' हैं माँ ! माँ ने एक गहरी सास ली और मुझसे कहने लगी। यह फोटो नेहा कि पापा

की है जो सेना में कार्यरत थे। नेहा के पापा एक वीर सैनिक थे. जो हमेशा मुझसे कहा करते थे कि एक सैनिक का जिस्म हमेशा अपने देश के लिए और आत्मा उसके परिवार के लिए होती है, अगर मैं तुम लोगों से दूर चला गया तो भी मेरी आत्मा हमेशा तुम लोगों के साथ होगी। एक शाम हमें यह खबर मिली कि आंतकियों से मुठभेड़ करते हुए वो वीरगति को प्राप्त हो गए। यह खबर सुनते ही मानो हमारे ऊपर दुखों का पहाड़ टूट पड़ा, हमारे सारे रिश्ते बेगाने हो गए थे हमारे रिश्तेदारों ने मुझे और नेहा को घर से बेदखल कर दिया तथा सरकार की तरफ से जो मुआवजा हमें मिला वो भी वे लोग हमसे छिन कर ले गए। अब तो मेरे पास नेहा और उसके पापा की याद के अलावा कुछ भी नहीं है, फिर भी जाने क्यों वो लोग बीच--बीच में यहाँ घर पर आकर हमें इस घर से भी निकलवाने की धमकी देते हैं। अब मेरे पास यह छत ही तो सहारा है जो उनके शहीद होने के पश्चात सरकार ने मुझे दिया था, पर अब मेरे रिश्तेदार यह छत भी हमसे छीन लेना चाहते हैं, बेटा मुझे इस बात का गम नहीं है कि मेरे रिश्तेदार मुझ पर इतना जुल्म क्यों कर रहे हैं, मुझे दुख इस बात की है कि मैं नेहा के पापा की आखिरी इच्छा भी नहीं पूरा कर सकती। उनकी इच्छी थी कि उनके बाद उनका बेटा भी सेना में भर्ती हो और देश की सेवा करें और मैं उनकी यह इच्छा पूरी नहीं कर सकती।, यह कह कर माँ की आँखों में आंसू भर आए और शब्द लड़खड़ाने लगे। कुछ पल चुप रहने के पश्चात मैं बोल पड़ा, 'माँ। मैं करूंगा तेरी इच्छा पूरी। मैं बढ़ाउंगा तेरा मान।' यह कहकर मैं माँ की गोद में लेट गया। मां ने मेरा भी दाखिला उसी स्कूल में करवा दिया जिसमें नेहा पढ़ती थी। हम दोनों भाई–बहन एक साथ स्कूल जाते और घर आते। धीरे–धीरे समय यूं ही निकलता गया और समय के साथ–साथ मेरा सेना

में भर्ती होने का सपना भी प्रबल होने लगा बारहवीं के पश्चात मैंने नेशनल डिफेन्स अकादमी को ज्वाईन किया और आज मैं आपके सामने हूं।, मैं वीर की बातों को सुन रहा था और यह सेाच रहा था कि जमाने में भगवान भी न जाने कैसे–कैसे खेल रचता है। यह सच है कि वह हम सभी की किस्मत पहले से ही तय कर देता है और इन्सान को उसकी मंजिल तक पहुचने के लिए वह उसे हमेशा सही रास्ता दिखाता है। 'अच्छा वीर अब मैं चलता हूं' काफी रात हो चुकी है, चलो कल मिलते हैं यह कहकर में वहाँ से बाहर निकल गया। अपने कमरे में आने के बाद भी पूरी रात सो नहीं पाया, सिर्फ वीर के बारे में ही सोचता रहा। अगली सुबह मैं वीर के साथ घायल आंतकियों को देखने और उनसे और भी जानकारी लेने आर्मी अस्पताल गया। उन घायल आंतकियों को अभी भी हमने अपने हिरासत में रखा था। कई ऐसे प्रश्न थे जिनका जवाब हमें वो घायल आंतकी ही दे सकते थे। जब हम वहां जा रहे थे, उस वक्त हमने कभी नहीं सोचा होगा कि आने वाला वक्त हमारी जिंदगी बदल देने वाला होगा। कुछ समय पश्चात् हम उस आर्मी अस्पताल में थे। जब हम उस अस्पताल में पहुंचे उस वक्त वहाँ का नजारा कुछ बदला–बदला सा था। अमूमन आर्मी अस्पताल में सेना के ही लोग होते हैं लेकिन उस दिन वहां पर सैनिकों के अंलावा कई और लोग भी थे, जैसे मिडिया वाले, वहां के स्थानीय लोग। और पुलिस। हर कोई उस वक्त उन आतंकियों के बारे में और उन्हें इतनी आसानी से खत्म करनेवाले वीर के बारे में जानना चाहता था। वीर बहुत कम समय में ही वहाँ के लोगों के दिलों पर भी छा गया था। वीर अब वहां के स्थानीय लोगों का हीरो था। पूछ ताछ के दौरान हमें आतंकियों से कई ऐसे अहम सुराग मिले, जो

सिर्फ हमारे लिए ही नहीं अपितु संम्पूर्ण देश के लिए चौकाने वाले थे। आतंकियों द्वारा किए हुए सारे खुलासे ऐसे आभास दे रहे थे कि आने वाले वक्त में जरूर कोई बड़ा तुफान हमारे मुल्क की तरफ आने वाला है। आतंकियों ने हमें बताया था कि, पड़ोसी मुल्क अब यह जान चुका है कि अब हमारे हिन्दुस्तान पर आसानी से कब्जा नहीं किया जा सकता और न ही उनके नुमाइन्दों को आसानी से हमारे देश में भेजा जा सकता है। हमने दुश्मनों के हर चाल को बेअसर कर दिया था। अब पड़ोसी मुल्क अच्छी तरह जानता था कि देश की सीमा के अंदर प्रवेश करना इतना आसान नहीं है। इसलिए वे लोग अब अलग–अलग हथकंडे अपनाकर हमारी अखण्डता पर प्रहार करना चाहते थे। इस बार उन्होंने पन्द्रह से सोलह वर्ष के लड़कों को अपना हथियार चुना था, वे हिन्दुस्तान और पाकिस्तान के उन इलाकों से जहाँ गरीबी और बेरोजगारी का साम्राज्य फैला होता था, मासूम बच्चों को पैसे का लालच देकर उन्हें ट्रेनिंग देते थे और फिर उन बच्चों से ही आतंकी कारनामों को अंजाम दिलवाते। ऐसे लोगों का न तो कोई मजहब होता है और न ही इमान' जो चंद पैसों के खातिर कई मासूमों की जिंदगियों का सौदा कर लेते है।

अक्सर ऐसे कारनामों के लिए उन्हें बहुत सारे पैसे तो मिल जाते हैं पर न जाने उन पैसों पर कितनी ही जिंदगियाँ कुर्बान कर देते हैं पता नहीं ऐसे लोगों के पास दिल होता है भी या नहीं, पर इतना तो जरूर पता है। ये इन्सान नहीं होते। जब हम घायल आतंकियों को देख रहे थे उस वक्त ऐसा प्रतित हो रहा था जैसे इतनी छोटी उम्र में ये सारे फल किसी जहरीले सर्प के द्वारा डसें गए हों। और उस विष से उन फुलों से उनकी खुबसुरती तो छिन ही गई थी, साथ–ही–साथ वे फुल भी

जहरीले हो गए थे। जब हमने उनसे पूछताछ का सिलसिला आगे बढ़ाया तो हमें पता चला कि दुश्मन आनेवाले कुछ दिनों में कुछ बड़ा हमला करने की सोच रहे हैं, और इस काम के लिए उन्होंने छोटे–छोटे बच्चे की फौज भी तैयार कर लिया है। बच्चों को गुमराह कर उन्हें इस तरह तैयार किया जाता था जैसे यह सारा जहां उनका दुश्मन हो। उन लोगों से हमें यह भी पता चला था कि अब दुश्मन चंद पैसे देकर अपने आदमियों को नेपाल और बांग्लादेश के रास्ते भारत में भेजता है, क्योंकि पहले की तरह अब घुसपैठ आसान नहीं थी उनके लिए। इसलिए वे घुसपैठ करने का यह नया तरीका इस्तेमाल करते थे। उन आतंकियों से हमें पता चला था कि अब वे हमारे देश में ही आतंकी तैयार करते थे और उन्हें हमारे देश के खिलाफ इस्तेमाल करते थे। यह जानकारी हम सभी को चौंका देनेवाली थी, क्योंकि बाहर के दुश्मनों से तो आसानी से निपटा जा सकता है पर हम उनसे कैसे निपटेंगे जो हमारे होते हुए भी हमारे नहीं हैं। यह खबर हम सभी के लिए बहुत महत्वपूर्ण थी और चुनौतीपूर्ण भी, क्योंकि आतंकियों के नापाक इरादों को बर्बाद करना था। इस खबर के अलावा उन लोगों ने हमें कुछ भी नहीं बताया, लेकिन हमें तो किसी भी कीमत पर उनसे जानकारी हासिल करनी थी। मैं वीर के साथ वापस आ गया। युनिट में आने के बाद हमने काफी विचार–विमर्श किया, कि किस प्रकार हम आतंकियों के नापाक इरादों को बर्बाद करें। अभी हमारा विचार–विमर्श चल ही रहा था कि अचानक हमें अपने सुत्रों से खबर मिली। कुछ लोग सामने–वाली पहाड़ी की तरफ देखे गए हैं और उनकी हरकतें संदेहजनक लग रही हैं।

खबर मिलते ही मैंने तुरंत छः छोटी टुकड़ियाँ तैयार करने

की सोची। अक्सर हम आतंकियों को बर्बाद करने के लिए छोटी टुकड़ी का ही सहारा लेते है, क्योंकि आतंकी कभी भी हमसे सीधे तौर पर नहीं लड़ते, वे हमेशा छुपकर वार करते हैं और हमला करने के पश्चात वहां से भागने की कोशिश करते हैं। इसलिए हम अक्सर सेना को छोटे–छोटे हिस्सों में बाँट देते हैं। छोटी टुकड़ी में प्रायः १० से १२ लोग होते हैं, जो आंतकियों को चारों तरफ से घेर कर उन्हें बर्बाद कर देते हैं, अगर उस छोटी टुकड़ी से भी आतंकी बच जाते हैं तो उन्हें हमारी बाहरी फौज खत्म कर देती है। खबर मिलते ही हमने उस पहाड़ी को चारों तरफ से घेर लिया। जब हमने यह यकीन कर लिया कि पहाड़ी चारों तरफ से घिर चुकी है और दुश्मन (आतंकी) भी इन्हीं पहाड़ियों में छिपे हुए हैं तब हमने अपनी सात छोटी टुकड़ी पहाड़ियों में उतारा उसमें से एक टुकड़ी का नेतृत्व वीर कर रहा था। अचानक वीर की टुकड़ी पर आतंकियों ने हमला बोल दिया, पर वीर तो वीरों का भी वीर था। उसने अपनी टुकड़ी को वहीं रूकने का आदेश दिया पहले उसने आतंकियों के द्वारा किए हुए फायरिंग का जायजा लिया और फिर उसे जब यह यकीन हो गया कि उनके पास कौन से हथियार हैं और वे किस दिशा से फायर कर रहे हैं तब उसने दुसरी छोटी टुकड़ी को उनके पीछे भेजा। अब आतंकियों के ऊपर चारों तरफ से फायरिंग होंने लगी थी। इस अचानक हमले ने दुश्मनों के पैर ही उखाड़ डाले, वे सभी के सभी हतोत्साहित हो गए थे। फिर हमारी फौज ने उन्हें चारों तरफ से घेर लिया। इस कार्यवाही में तीन आतंकियों को हमने मार गिराया और दो को हमने गिरफ्तार कर लिया।

गिरफ्तार आतंकियों से हमें यह पता चला कि वे सिर्फ इस

इलाके में यह देखने आए थे कि इस पहाड़ी के आस–पास का क्षेत्र कैसा है। अगर उनके साथी किसी आतंकी घटना को अंजाम देते हैं तो वे इन पहाड़ियों के रास्ते पाकिस्तान कितनी देर में पहुंच सकते हैं। हमें उनकी बातें कुछ अजीब–सी लगी कोई इस तरह के छोटे काम के लिए अपनी जिंदगी खतरे में नहीं डालता–और यह भी संभव नहीं था कि वह हमारे ऊपर हमला करने की सोच रहे थे, क्योंकि अगर उनका इरादा हमारे ऊपर हमला करने का होता तो वे सीधे तौर पर हमारे ऊपर हमला करते, न कि इन पहाड़ियों में छुपते। कई ऐसे प्रश्न थे जिसका जवाब हम सभी जानना चाहते थे पर हमें जवाब नहीं मिला था। हम आतंकियों पर जितनी भी शरिब्त करते, पर उनका जवाब वही होता था जो वे हमें बताना चाहते थे। अस्पताल में आतंकियों ने पहले ही हमें एक बड़ी घटना के घटने की जानकारी दे दी थी। और अब इतनी जल्द ही यह दूसरी घटना हम लोगों के साथ घटी थी, इसलिए हम सभी सच जानना चाहते थे। आखिर इन लोगों के दिमाग में क्या चल रहा है। अब पड़ोसी देश हमारे देश की अखण्डता पर किस प्रकार प्रहार करना चाहता है। तभी वीर मेरे समीप आया और कहने लगा, 'सर अगर आप इजाजत दे' तो मैं इनसे जानकारी निकलवा सकता हूं। मैंने भी बिना एक पल गंवाए वीर को इजाजत दे दी।

वीर ने बिना एक पल गंवाए दो गड्ढे उनसे खुदवाए, फिर उन गडढों में दो आतंकियों को खड़ा कर दिया, तथा उनको ऊपर से लेकर नीचे तक मिट्टी से भर दिया। अब उन दोनों गडढ़ों में आतंकियों के सिर्फ गर्दन ही बाहर दिख रहे थे। उनके शरीर का बाकी हिस्सा मिट्टी में दबा हुआ था। तभी हमें एक

गोली के चलने की आवाज आई। वह गोली वीर ने चलाई थी। वह गोली उसने सामने बंधक बने एक आतंकी पर चलाई थी। गोली लगते ही वह आतंकी वहीं गिर पड़ा और दर्द की वजह से चिल्लाने लगा। वीर फिर भी चुप खड़ा था। वह किसी से कुछ नहीं कह रहा था, पर ऐसा लग रहा था जैसे आतंकी उससे खौफ खा रहे थे। कुछ समय के पश्चात् वीर ने उनसे पूछना शुरू किया। उसने उनसे कहा कि तुम लोगों की मौत तो पक्की है, लेकिन मैं तुम लोगों को सिर्फ आधे घंटे का समय देता हूं, अगर तुम लोगों में से कोई मुझे राच–राच बता दे कि तुम लोग यहां क्या करने आए थे और आनेवाले दिनों में तुम्हारा क्या प्लान है, तो मैं शायद तुम लोगों को छोड़ दूं। इतना कहकर वह मेरे साथ उन लोगों से थोड़ी दूर चला गया। मैंने वीर से पूछा कि यह तुमने यह क्या किया और अगर आतंकियों ने हमें फिर भी कुछ नहीं बताया तो हमलोग क्या करेंगे वीर एकदम निश्चित था। उसने मुझसे कहा कि सर, मौत का डर एक ऐसा डर है जो बड़े से बड़े शुरमा को भी धराशायी कर देता है, फिर ये तो छोटे–मोटे आतंकी हैं, आप निशचिन्त रहिए सर, हमारे सारे प्रश्नों का जवाब ये लोग जरूर देंगे। अभी कुछ ही समय बीता था कि तभी एक आतंकी जोर–जोर से चिल्लाने लगा, 'साहब मैं मरना नहीं चाहता' मैं आप लोगों को सब सच–सच बता दुंगा, मुझे छोड़ दीजिए 'साहब'।

उस आतंकी ने हमें बताया कि आनेवाले कुछ दिनों में वो ऐसा करने वाले हैं जिसके धमाकों से हिन्दुस्तान ही नहीं बल्कि पड़ोसी देश की भी इमारते गिर जाएगीं। वे आतंकी किसी मुल्क के लिए नहीं सिर्फ पैसों के लिए यह काम अंजाम देने जा रहे थे और इस काम के लिए इस बार वे *बॉर्डर* के समीप के गाँवों

से छोटे–छोटे बच्चों को उकसाकर अपने साथ ले जाते और जो बच्चे उनके बहकावे में नहीं आते उन बच्चों को वे जबरन अपने साथ ले जाते । मैंने उस आतंकी से पूछा, 'क्या करना चाहते हो तुमलोग। ऐसे कौन से कारनामों को तुमलोग अंजाम देना चाहते हो? अब तुमलोग हमारे देश के खिलाफ कौन–सा विध्वंसकारी खेल खेलना चाहते हो।

उस आतंकी ने हमें बताया कि अब उनका संगठन यह अच्छी तरह जान गया है कि भारतीय सेना के रहते सीमा के आर–पार जाना नामुमकिन है पर हमारे संगठन पर उन लोगों का दबाव बराबर बना रहता है जो हमें पैसा मुहैया करवाते हैं। इसलिए इस बार हमने एक साथ देश के कई अहम हिस्सों के अलावा कई स्कूलों और कॉलेजों में भी विस्फोट करेंगे। इस बार हम ऐसा विध्वंस करेंगे कि सारा देश उसकी गुंज से कांपेगा। इस काम को अंजाम देने के लिए हमने बच्चों को मानव बम बनाया है ताकि वो अना काम आसानी से कर सकें बिना किसी रोक टोक के हम अपने इस मिशन के लिए बच्चों को प्रशिक्षण भी दे रहे हैं। मैंने उनसे पूछा, 'तुम यहाँ क्या करने' आए थे? उस आंतकी ने हमें बताया कि वे लोग छोटे–छोटे समूहों में बँट कर सीमावर्ती क्षेत्रों से छोटे लड़कों को जबरन उठाकर अपने साथ ले जाते हैं और उन्हें मानव–बम बनाने की प्रशिक्षण देते हैं।'

यह खबर हम सभी को चौंका देने वाली थी। हम यह कभी नहीं सोच सकते थे कि आतंकी इतना नीचे भी गिर सकते हैं। उस आतंकी ने हमें बताया कि बच्चों को वे हमारी ही सीमा क्षेत्र में बंधक बनाकर रखते हैं और उन्हें मानव–बम बनने का प्रशिक्षण देते हैं, पर वह जगह कहाँ है, यह जानकारी किसी को भी नहीं है। उसने हमें बताया कि वे लोग बच्चों को यहाँ के

मशहूर कॉलेज, खुर्शीद कॉलेज के हॉस्टल में छोड़ देते हैं। बाकी वे सारे बच्चे कहाँ जाते हैं ये सारी जिम्मेदारी वहां के प्रभारी के हाथ में होती है। वहां के प्रभारी का क्या नाम है बताओं मैंने उससे पूछा, लेकिन इससे पहले वो कुछ कह पाता। उसकी जीवन की डोर टूट गई और वह हमें कुछ और जानकारियाँ देने से पहले ही हमेशा के लिए मौत के आगोश में सो गया। उस आतंकी के साथ–साथ बाकी बचे आतंकी भी मौत को गले लगा चुके थे। वह सभी जहर खाकर दम तोड़ दिए थे। इस वक्त हम सभी के पास कुछ अनसुलझे प्रश्न थे, जिनका समाधान हमें जल्द से जल्द निकालना था पर हमारे पास शायद इतना वक्त भी नहीं बचा था। मैंने तुरंत यह खबर अपने ऊपर के हेडक्वार्टर में भेज दी। हेडक्वार्टर ने उन आतंकियों के मनसुबों को नाकाम करने की जिम्मेदारी हमें दी यह काम आसान न था। इतनी बड़ी घटना को होने से रोकना हम सभी के लिए एक बहुत बड़ी चुनौती थी। लेकिन उससे भी बड़ी चुनौती थी खुर्शीद कॉलेज के उस इन्चार्ज के बारे में जानना जो बच्चों को प्रशिक्षण कैम्प से जोड़ता था। खुर्शीद कॉलेज उस जगह का माना हुआ कॉलेज था और उस कॉलेज पर हम ऐसे भी रेड नहीं डाल सकते थे, क्योंकि अचानक रेड डालने से वहां पर दंगा भड़क सकता था। खैर मैंने इस मिशन की जिम्मेदारी वीर को सौंप दी। मुझे ऐसा लगता था, जैसे वीर ही इस मुसीबत से हम सभी को निकाल सकता है। अगले दिन सुबह वीर मेरे पास आया। उसके चेहरे पर थोड़ा–सी भी शिकन नहीं थी। उसने मुझसे कहा, 'सर, इस मिशन को मैं आसानी से सफल बना सकता हूं, पर उसके लिए मुझे आपकी मदद चाहिए'। मैंने वीर से कहा, 'वीर' तुम्हें जो भी मदद मुझसे चाहिए ले लो, पर मुझे सफलता चाहिए, और मिशन

की सफलता तथा असफलता अब सिर्फ तुम्हारे हाथ में है। मुझे अपनी योजना बताओ' वीर कहने लगा 'सर, 'यह सच है कि हम खुर्शीद कॉलेज पर अचानक रेंड नहीं डाल सकते, क्योंकि वहां के विद्यार्थी तथा वहां की जनता इसको कभी सहन नहीं करेगी और सर, इतने बड़े कॉलेज में हमें उस इन्सान को भी ढूंढ़ना होगा जो बच्चों को प्रशिक्षण कैम्प तक ले जाता है। पर हमें यह नहीं पता है, वह कौन है।, कोई मर्द या औरत इसलिये मैं यह चाहता हूं कि हम एक टीम गठित करें, वह समूह तीन हिस्सों में बाँटकर अपना काम करेगी। पहला समूह में मुझे दस से पन्द्रह ऐसे लड़के और लड़कियों को चाहिए जो पढ़ने में होनहार हों और आसानी से पढ़ने वाले बच्चों में घुम–मिल जाए। दूसरा समूह हमारी कमांडो टीम का होगा, जो बाहरी समूह बनकर पहले ग्रुप की सुरक्षा करेगा। और तीसरा समूह हमारे खुफिया विभाग के लोगों का होगा, जो पहले समूह के इशारों पर उन लोगों का पीछा करेगा जिन पर हमें संदेह हों। वीर ने इस काम के लिए ४५ जवानों की माँग की थी जिसमें पन्द्रह खुफिया विभाग के थे, जिसका नेतृत्व कैप्टन मनु कर रहीं थीं।

हमने अपने प्लान के मुताबिक इन लोगों को तीन अलग–अलग हिस्सों में बांट दिया था। अब हमारे लिए एक चुनौती खड़ी हो गई थी और वह चुनौती थी,– हमें पहली और दुसरी समूह को कॉलेज में प्रवेश करवाना। हम सभी अभी इस विषय पर सोच ही रहे थे कि अचानक मनु ने हमें एक सुझाव दिया। उसने कहा कि हर डीग्री कॉलेज में दो प्रकार के विद्यार्थी होते हैं– पहले तो वे जो रेगुलर होते हैं और दुसरे वे जो प्राईवेट होते है। अधिकतर कॉलेज में रेगुलर विद्यार्थी ही तो आते हैं। पर वे प्राईवेट स्टुडेन्ट्स तो सिर्फ अपनी परीक्षा ही देने जाते हैं।

इसलिए अगर हम प्राईवेट विद्यार्थी बनकर कॉलेज में जाएं तो जाहिर है हमें कोई पहचान नहीं सकता और आसानी से कुछ औपचारिकताएँ पूरी करने के पश्चात हम रेगुलर विद्यार्थी भी बन सकते हैं। मनु की बातें हम सभी को अच्छी लगी, और शायद इसीलिए हमने पहली टीम का नेतृत्व मनु को सौंप दिया। मनु ने अपनी इच्छा अनुसार सात लड़कों व सात लड़कियों को अपनी टुकड़ी में चुन लिया। वे सभी हमारी सेना के ही जांबाज थे। दुसरे टुकड़ी की जिम्मेदारी हमने वीर को सौंपी 'तभी साथ ही मैंने वीर को इस मिशन का मुखिया भी घोषित किया था। अब बारी तीसरे टुकड़ी की थी जो गनु और वीर दोनों के ही नेतृत्व में थी, और मैं बाहर से उनका नेतृत्व कर रहा था। हम सभी अपने–अपने काम में व्यस्त हो गए। हम सभी अपने–अपने तरीकों से उस व्यक्ति के बारे में जानकारी हासिल करने में लग गए जो मासूम बच्चों को उस कॉलेज से आतंक के दलदल में ढकेलता था। फिर अचानक एक दिन हमें बहुत बड़ी सफलता मिली–हमारी पहली टुकड़ी के महिला समूह ने बताया कि रात को दो बजे उनके हॉस्टल से दो गाड़ियाँ निकली हैं जो शायद हमें हमारी मंजिल तक पहुंचा सकती हैं। इस खबर ने हम सभी को चौकन्ना कर दिया था। हमारी दूसरी टीम ने जब उस गाड़ी का पीछा किया तो हमें पता चला कि वो गाड़ी उन आतंकियों की ही थी। उस गाड़ी में हमें छः–सात बच्चे भी दिखे जो काफी सहमे हुए थे। वीर और मनु उस गाड़ी का पीछा कर रहे थे और शायद उन्हें वो सफलता मिल भी गई थी। गाड़ी का पीछा करते–करते उन्हें दुश्मनों का वह स्थान दिखा जहां वे बच्चों को जबरन मानव–बम बनने की प्रशिक्षण देते थे। वीर ने मुझसे फोन पर बतायां उन लोगों को बहुत बड़ी सफलता मिली हैं।

उन्हें आतंकियों का ठिकाना मिल गया है। जहाँ वे बच्चों को मानव बम की ट्रेनिंग देते हैं। वह स्थान जंगल के बीच में एक पहाड़ी गुफा के बाद था। मैंने वीर से उसका लोकेशन पूछा, ताकि मैं उसकी मदद के लिए और फौज भेज सकूं लेकिन उसने मुझे बताया कि आतंकियों का ठिकाना हमारी लोकेशन से करीब पचास से साठ किलोमीटर दूर था और जब तक हमारी सेना वहाँ पहुचेगी तब तक काफी देर हो चुकी होगी। वीर मेरे लिए मेरे बच्चे जैसा था, इसलिये शायद उस वक्त मैं ज्यादा चिंतित था। लेकिन न जाने क्यों, मुझे वीर पर पूरा भरोसा था कि वो अपने कुछ सथियों के साथ ही दुश्मनों का खात्मा कर सकता है। इसलिए मैंने वीर से उसकी पोजिशन का जायजा लिया और उसको आतंकियों को खत्म करने का हुक्म दिया। मैंने वीर की सहायता के लिए अपने जवानों को भेज दिया था तथा इस घटना की जानकारी अपने ऊपर के हेंडक्वाटर में भेज दिया। मैंने वीर से पुनः संपर्क किया और वहां के हालात के बारे में जानकारी ली, वीर ने मुझे बताया 'सर', दुश्मनों ने अपना ठिकाना चारों तरफ से घिरी नंगी पहाड़ियों के बीच में बनाया है जो जंगल के रास्ते से होकर गुजरता है। इन पहाड़ियों में छोटे–बड़े कई ऐसे सुरंग हैं जो मीलों दूर जाकर खुलते होंगे। शायद इसी वजह से आंतकियों ने यह ठिकाना चुना होगा। अगर सुरक्षा की दृष्टि से देखा जाय तो फौज इस इलाके में हमला भी करे तो भी हमें ही ज्यादा नुकसान उठाना पड़ता, क्योंकि ये पहाड़ियाँ नंगी थीं। अगर हम दुश्मनों को खत्म करने के लिए इन पहाड़ियों में नीचे उतरे तो हम आसानी से दुश्मनों की नजर में आ जाएंगे और वे आसानी से हमें अपना शिकार बना सकते थे। और अगर हमने उनपर हवाई हमला भी किया तो वे उन

सुरंगो की मदद से आसानी से वहां से निकल सकते थे। शायद इसी वजह से उन आतंकियों ने अपना ठिकाना वहाँ चुना था। अगर हम उस स्थान को मौत का कुआँ कहें तो शायद वह सौ प्रतिशत सही होगा। उस मौत के कुएं में मौत कहाँ–कहाँ से आ सकती है, इसका अंदाजा लगाना मुश्किल ही था।

खैर, मैं उस वक्त कोई नहीं लेना चाहता था। इसलिए मैं हेलीकाप्टर की सहायता से अपने कुछ चुनिन्दा सैनिकों के साथ उनके पास पन्द्रह मिनट में पहुंच गया और उसके साथ–साथ मैंने उस पूरे क्षेत्र को सेना और पुलिस के द्वारा चारों तरफ से घेर लिया। लेकिन असली परीक्षा तो अब शुरू होने वाली थी। अब हमारे पास तीस जवान थे और हमें दुश्मनों की तादात के बारे में कोई जानकारी नहीं थी। हम सभी अपने आगे की कार्यवाही के बारे में सोच ही रहे थे कि वीर ने मुझसे कहा–

'सर' इस वक्त हम सभी ३० हैं। इसलिए हमें हर कदम फुंक–फुंक कर रखना पड़ेगा। अतः अगर आप हमें इजाजत दें, तो मेरे पास इसका समाधान है' उसने हमें बताया कि हम अपनी टुकड़ी को चार छोटे–छोटे भागों में बाँटेंगे'। हर टुकड़ी में सात–सात जवान होंगे आप और मनु यहाँ रहकर इन चारों टुकड़ीयो का नेतृत्व करेंगे मैंने वीर से उसका प्लान खुल कर बताने को कहा वीर ने मुझसे कहाँ, सर, इस वक्त अंधेरा काफी है, एक तरह से देख जाए तो अंधेरा हमारा दोस्त साबित हो सकता है, पर अगर हमने सावधानी से काम नहीं लिया तो यही अंधेरा हमारे लिए मौत साबित हो सकता है। हम अपनी चार छोटी टुकड़ीयो को दो हिस्सों में बांटेंगे, जिसमें से पहली टुकड़ी का कंट्रोल आप और मनु के हाथों में होगा और बची हुई दोनों टीमों को लेकर मैं नीचे ऊतरूंगा। हम नीचे दो अलग–अलग

रास्तों से उतरेंगे और हमारे उतरने से पहले मनु और आप अपनी–अपनी टुकड़ियो के साथ ब्लैंक फायर करेंगे।

सर, आप और मनु अपनी टीम के साथ १५ मीटर की दूरी पर फैल जाएंगे और इस तरह चारों तरफ से दुश्मनों के ऊपर अंधाधुन्द फायर करेगें, आपके फायर की आवाज सुन, जाहिर है दुश्मन उस का जवाब देगा, इसी दौरान मैं और मेरी टुकड़ी दुश्मनों को असानी से अपना शिकार बना लेंगे। 'वीर का यह प्लान हम सभी को पसंद आया, और वीर का हुनर मैं पहले भी देख चुका था। इसलिए मुझे उसके प्लान पर पूरा भरोसा था। बिना एक पल गवाए मैं और मनु अपनी–अपनी टुकड़ी के साथ दस से पन्द्रह मीटर की दूरी पर फैल गए और उसी पल वीर अपनी टुकड़ी के साथ दूसरी तरफ से दूश्मनों को अपना निशाना बनाने के लिए तैयार हो गया। वीर के *प्लान* के अनुसार, हमने खाई की तरफ चारों तरफ से फायर शुरू कर दिया। जैसा हमने सोचा था, ठीक वैसा ही हुआ, दुश्मनों ने भी हमारी *फायरिंग* का जवाब देना शुरू कर दिया था। हम लोगों ने लगभग बीस मिनट तक *फायरिंग* की– तभी अचानक वीर की टुकड़ी ने आतंकियों के ऊपर *फायरिंग* शुरू कर दी। शायद वीर की टुकड़ी पहले से ही सचेत थी, इसलिए उन्हें दुश्मनों को अपना निशाना बनाने में ज्यादा समय नहीं लगा। हमारे सपोर्ट *फायर* से वीर और उसकी टुकड़ी को काफी समय मिला, और उस समय का *फायदा* उठाकर वे आंतकियों के लिए मौत बन गए थे। वहाँ पर सिर्फ गोलियों की गूंज तथा मौत बरस रही थी। ऐसा प्रतित हो रहा था जैसे स्वयं यमराज वहां विराजमान हों– आतंकियों के सुरक्षा को भेदकर जब हम नीचे उतरे तो हम सभी आश्चर्य चकित रह गए थे, हमें वहां पर एक भी बच्चा नहीं दिखा

तभी मेरे हैंडसेट पर वीर की आवाज सुनाई दी। 'हैलो सर, मैं वीर बोल रहा हूं और इस वक्त मैं उत्तर की तरफ वाली सुरंग से भागते हुए आंतकीयों के पीछे हूं मैं आगे वीर की आवाज नहीं सुन पाया। शायद हमारा कनेक्सन कट गया था। लेकिन *फोन* कटने से पहले उसने एक अहम सूचना हमें दे दी थी और सूचना थी उत्तर की तरफ वाली सुरंग। हम सभी उत्तर की तरफ भागे, कुछ दूर जाने के पश्चात् हमने देखा कि उत्तर दिशा में दो सुरंगें मौजूद थी हम सभी का एक पल के लिए वहाँ रूक जाना लाजमी था। पहाड़ी सुरंगें जितनी आसान दिखती हैं, उतनी प्रायः होती नहीं, दो पास से निकलने वाली सुरंगें दुसरे छोर पर किस तरफ निकलेगी, उसका अनुमान लगाना बहुत ही कठिन होता है। हम सभी इसी दुविधा में थे कि मनु ने मुझसे कहा, 'सर' हम अपनी–अपनी टुकड़ियो के साथ इन दोनों सुरंगों में दाखिल होते हैं, और वीर की मदद करनी चाहिए।' और हमलोग बिना एक पल गंवाए अपनी–अपनी टुकड़ियो के साथ उन सुरंगों में दाखिल हो गए थे।

खैर मैं तो वीर के पास नहीं पहुंच पाया, फिर भी मनु की टुकड़ी सही दिशा में आगे बढ़ रही थी, और कुछ समय पश्चात ही मनु और वीर की टुकड़ियाँ एक साथ मिल गयी थीं, लेकिन वे शायद बहुत आगे बढ़ गए थे। जब वे सुरंग से बाहर निकले तो उनके सामने एक घना जंगल था। वह जंगल न तो भारत का था और न ही पाकिस्तान का–वह जंगल भारत व पाकिस्तान के मध्य में था। वीर और मनु दोनों ही अपनी टीमों के साथ लगातार आतंकियों के पीछे लगे हुए थे। पीछा करते–करते वे दोनों शायद यह जानते थे कि वह हर पल मौत के करीब बढ़ रहे थे। शायद आतंकियों को भी यह आभास था कि वे उनके

पीछे लगे हैं। वीर, मनु अभी थोड़ी ही दूर, गये होंगे तभी एक जबरदस्त विस्फोट की आवाज हुई। उस विस्फोट से वीर, मनु का तो कुछ नहीं हुआ, पर उनकी टुकड़ी के आधे से अधिक सदस्य शहीद हो गये थे। इतना बड़ा हादसा होने के बावजूद भी इन दोनों के इरादों पर कोई असर न पड़ा और वे बहादूरी से आतंकियों के पीछे लगे रहे। कुछ समय पश्चात ही आतंकी एक जगह पर रूके और उनके रूकते ही वीर और मनु अपने बचे हुए साथियों के साथ उन पर टूट पड़े। यहाँ पर वीर का दुश्मन को कन्फ्युज कर खत्म करने वाला तरीका काम आया और उसने अपने अदम्य साहस के दम पर आतंकियों को नरक का रास्ता दिखा दिया। आतंकियों को खत्म करने के पश्चात वे बच्चों की तरफ बढ़े ही थे कि अचानक उन पर चारों तरफ से गोलियां चलने लगीं ऐसा प्रतीत हो रहा था जैसे कोई बहुत बड़ी फौज उनकी तरफ बढ़ रही हो। वीर और मनु स्फुर्ति के साथ बच्चों की तरफ बढ़, सारे बच्चे सहमे हुए थे। उन लोगों ने बच्चों को लेकर झाड़ियों की तरफ से जाना मुनासिब। समझा। उनको यह आभास था कि खुले रास्ते से जाना उन लोगों के लिए काफी खतरा पैदा कर सकता है। इसलिए उन्होंने जंगल की झाड़ियों को अपना दोस्त बना लिया था।

उनकी बहादूरी को देखकर मैं यह कहना चाहूंगा कि वे सही मायने में फौजी थे। क्योंकि सिर्फ वर्दी पहनना ही एक फौजी का धर्म नहीं होता। फौज तो वह तपस्या है जो सीधे मोक्ष का द्वार है। पर मोक्ष तो सिर्फ उन तपस्वियों को मिलता है जो अपना तन–मन–धन सबकुछ परमात्मा को समर्पित कर देते हैं, बाकियों की तपस्या तो वैसे ही व्यर्थ चली जाती है। ठीक वैसे ही एक फौजी के लिए उसका देश ही उसका परमात्मा है और

देश के लोगों की हिफाजत ही उसकी तपस्या है। और जब कोई अपना फर्ज निभाते–निभाते शहादत को प्राप्त होता है, तो वही शहादत उसको मोक्ष का द्वार होता है। और शायद वही लम्हा उन लोगों के लिए आ गया था, वे सिर्फ चार–पाँच थे और मौत उनको चारों तरफ से घेरे खड़ी थी, वीर और मनु अपने साथियों और बच्चों के साथ एक सुरक्षित जगह की तलाश कर रहे थे– अचानक भागते–भागते वीर की नजर ढलान पर पड़ी। वीर ने तुरन्त अपने साथियों और बच्चों को ढलान की तरफ चलने को कहा। वीर यह अच्छी तरह जानता था कि मुश्किल घड़ियों में एक सेनानायक की सबसे बड़ी चुनौती होती है अपने साथियों के मनोबल को ऊँचा बनाये रखना तथा उन्हें सकुशल अपनी मंजिल तक पहुंचाना।

कुछ दूर चलने के पश्चात वीर ने रूकने का इशारा किया। जब सभी एकत्रित हो गए तब वीर ने मनु और अपने साथियों को संबोधित कर कहा–'दोस्तों' यह घड़ी हम सभी के लिए चुनौती पूर्ण है, हम इस वक्त चारों तरफ से दुश्मनों से घिरे हुए है, हमें यह भी नहीं पता कि इस वक्त उनकी कितनी तादात है, पर इतिहास गवाह रहा है कि कोई भी जंग न तो बड़े से बड़े लशकर के द्वारा और न ही हथियारों के जखीरों से जीता गया है कोई भी जंग जीता जाता है सिर्फ और सिर्फ संयम और हौसलों के दम पर मैं यह मानता हूं कि परिस्थितियाँ हमारे विपरीत जरूर है पर हमारा हौसला, हमारी हिम्मत और हमारी सफलता हमारे साथ है और यह मेरा आप लोगों से वादा है कि जो भी हो जाए मैं आप सभी को सकुशल आपके घर पहुचाऊँगा, मेरा यह आप लोगों से अनुरोध है कि इस वक्त आप सभी अपना मनोबल और मुझ पर भरोसा दोनों ना खोएं।

यह कहते हुए वीर ने अपने साथियों को समझाया– अब हमें तीन अलग–अलग टुकड़ियों में काम करना होगा। पहली टुकड़ी इन बच्चों को लेकर सुरंग के रास्ते का पता लगाएगी जो हम इस जंगल में कहीं भूल गए हैं और बाकी मेरे साथ दो टीमों में बाँट कर इनका खात्मा करेंगे। अगर हमने इनको खत्म नहीं किया तो हम सभी के लिये ये सभी मुसीबत खड़ी करते रहेंगे। वीर ने मनु की तरफ इशारा किया और कहा–तुम अपने साथ दो जवान लेकर इन बच्चों के साथ रूकोगी और उस सुंरग का पता लगाओगी जो हमें हमारी मंजिल तक ले जाएगी और मैं बाकी बचे दो जवानों के साथ इनको नरक का रास्ता दिखाऊंगा। अगर हमने इनको खत्म करने में सफलता प्राप्त कर ली तो सम्भव है कि इनकी दूसरी पार्टी को हमारे पास आने में थोड़ा समय लगे, और तब तक हम सभी आसानी से यहाँ से निकल सकते हैं। वीर ने मनु और दो जवानों को बच्चों के साथ भेज दिया और उन्हें निर्देश दिया कि अगर हम तुम लोगों से बिछड़ जाएं तो उस वक्त तुम लोग या हम लोग पहले दो राउण्ड फिर उसके पांच मिनट के बाद चार राउण्ड हवा में फायर करेंगे जिससे दूसरी पार्टी तुम तक आसानी से पहुंच जाएगी, और अगर तुम लोगों तक हम नहीं पहुंच पाएं तो भी तुम्हारी आवाज का जवाब हम ठीक उसी प्रकार देंगे जैसे तुम लोग फायर करोगे। और अगर हमारा जवाब किसी कारण से तुम लोगों को न मिले तो तुम लोग बिना एक पल गंवाए मंजिल की तरफ बढ़ जाना। भगवान ने चाहा तो सफलता हमें जरूर मिलेगी।

यह कहकर वीर और मनु दो हिस्सों में बंट गए जहाँ एक तरफ मनु इस जंगल से निकलने का रास्ता ढुँढ़ रही थी वहीं वीर दुश्मनों का खाक मिलाने के लिए उनकी तरफ स्वयं

यमराज बनकर बढ़ रहा था। वीर और उसके साथी अभी कुछ ही दूर गए होंगे कि तभी उन्हें गाडियों के धीरे–धीरे चलने की आवाज सुनाई दी। आवाज सुनकर वीर ने अपने साथियों को रूकने का इशारा किया। सभी अपनी–अपनी जगह पर झाड़ियों का सहारा लेकर बैठ गए। अब यह उनकी किस्मत कहें या बदकिस्मति, दुश्मनों की गाड़ियाँ ठीक उनके सामने आकर रूक गई। कुल पाँच गाड़ियाँ थीं और उन गाड़ियों से करीब ३० से ४० आदमी निकले। वे सभी एक जगह इकठ्ठे हो गए थे, और उनके इकट्ठा होने के पश्चात उनमें से एक आदमी बाहर आया। शायद वह उनका कमाण्डर था। उसने अपने साथियों को सम्बोधित किया और कहा कि इस जंगल का कोना–कोना छान मारो। वे हिन्दुस्तानी फौजी और बच्चे किसी भी तरह अपने वतन वापस नहीं जाने चाहिए।, अगर वे वापस उन बच्चों के साथ अपने वतन लौट गए तो सारी दुनिया को हमारे मनसुबों के बारे में पता चल जाएगा। वे बच्चे हमारा सारा राज फार्स कर सकते हैं। वे हमारे सारे ठिकानों के बारे में जानते हैं इसलिए चाहे कुछ भी हो जाए वे सभी यहां से जिंदा नहीं बचने चाहिए वीर और उसके साथी उनकी सारी बातें ध्यान से सुन रहे थे। उनकी बातों से यह तो जाहिर हो गया था कि वे सभी उन आतंकियों के साथी थे। वे सभी गीदड़ की तरह शेर हिन्दुस्तानी फौजों का शिकार करने आए थे। कुछ पल सोचने के बाद वीर ने अपने साथियों की तरफ देखा और इशारे से उनको अपने पास बुलाया। अक्सर ऐसे हालात में चेहरे पर शिकन आ ही जाती है पर वीर के चेहरे पर शिकन का नामों निशान न था। उसने एक अच्छे नेता की तरह अपने साथियों को सम्भाला और कहा–

'है किसकी मजाल जो छेड़े हम दिलेरों को,

अक्सर गर्दिश में घेर लेते हैं, गीदड़ भी शेरों को'।

दोस्तों वक्त आ गया है, हमें यह बताने का हम उस देश के वीर सपूत हैं, जहाँ का एक एक बच्चा भी सौ दुश्मनों के बराबर होता है। जिस प्रकार शेर अपने शिकार को पहले अपने जाल में फंसाता है और बाद में उसका शिकार करता है, ठीक उसी प्रकार हम इन गीदड़ों का शिकार करेंगे। कुछ पल सोचने के पश्चात वीर ने अपने साथियों को कहा– मैं और मनोहर इन आतंकियों को अपने जाल में फंसाऐंगे और तुम मौका पाकर इनकी गाड़ियों को बम से उड़ा देना। अपने काम को अंजाम देने के बाद तुम वापस उसी जगह पर आ जाना जहाँ से हम और बचे मनु के टीम के साथ अलग हुए थे, मैं इन लोगों को साथ कर उसी जगह पर ले जाता हूं क्योंकि अगर ये बिखर गए तो ये हमें सभी के लिए काफी खतरनाक साबित हो सकते हैं। वीर का आदेश मिलते ही एक कमाण्डों ने अपने आप को वहीं पास एक गडढे में छिपा लिया, उसके ऊपर से वीर और उसके साथी ने पत्ते ओर झाड़ियां डाल दी ताकि वहां पर किसी को शक न हो सके। अपने उस साथी को छिपाने के पश्चात *वीर* ने अपने दूसरे साथी को इशारा किया दूसरे कमाण्डों ने उसके इशारे को मिलते ही अपना *पोजिशन* सम्भाल लिया। फिर वीर ने बिना एक पल गंवाए अपनी दूसरी योजना को पूरा करने के लिए आगे बढ़ा वह फिर उसी जगह पर आकर रूका और यह सोचने लगा, इन लोगों को अपनी तरफ किस तरह केन्द्रित करू जिससे वे सारे मेरे पीछे आने के लिये विवश हो जाएं। अचानक उसके चेहरे पर मुस्कुराहट खिल गई थी। उसे ट्रेनिंग के समय पर सिखाई हुई वह बात याद आ गई थी जिसमें उसके उस्ताद

ने सिखलाया था कि युद्ध क्षेत्र में अगर कभी ऐसा वक्त आए जहाँ तुम्हारी तादात ज्यादा हो ओर दुश्मन का कोई एक आदमी तुम्हारी चंगुल में फंसनेवाला हो तो उस वक्त हमें दुश्मन के उस व्यक्ति को हमेशा जिंदा पकड़ने का प्रयत्न करना चाहिए। हमें हमेशा यह याद रखना चाहिए कि जिंदा पकड़ा हुआ दुश्मन हमेशा युद्ध की परिस्थितियों को बदल सकता है। वीर के दिमाग में जैसे ही यह सारी बातें आईं, उसने तुरंत ही अपने लिये एक साथी को इशारे से अपने पास बुलाया।

जब दूसरा कमाण्डो उसके पास आ गया, तब उसने धीरे से अपने साथी से कहाँ–तुम उसी ढलान की तरफ चले जाओ, जहाँ से हमलोग आगे बढ़े थे। वहां जाकर तुम इन हैण्ड ग्रेनेडों को इस तरह से फिट कर देना जिनमें फासला सिर्फ १० मिनट का हो और याद रहे, एक साथ हर जगह कम से कम २ किलो बारूद वाला डाइनामाईट लगा होना चाहिए। उन डाइनामाईट्स को लगाने के पश्चात ही तुम वहां हैण्ड ग्रेनेड सेट करना। जब सारे ग्रनेड और डाइनामाईट सेट करना। जब सारे गेनेड और डाइनामाईट सेट हो जाएं उसके बाद तुम सभी ग्रेनेडों के पीनों को एक रस्सी के सहारे इस प्रकार बांध देना कि अगर उन्हें थोड़ा भी छटका लगे तो वे सारे पिन ग्रेनेड से निकल जाएं। उन सभी को जोड़ने के पश्चात तुम सभी रस्सियों को एक कमाण्डो रोप से जोड़ देना और उस कमाण्डो रोप को मेरे लिये छोड़ देना, मैं इन सभी को बहकाकर अपने पीछे वहां पर ले जाऊँगा और जैसे कि वे सारे उस ढलान पर पहुचेंगे उस वक्त मैं कमाण्डो रस्सी जो पहले से ही तैयार होगी उस पकड़कर ढलान के लिए नीचे जंप कर जाऊँगा। उस जम्प से कमाण्डो रस्सी का झटका उन ग्रेनेडों के पिन पर पड़ेगा ओर वहां। ऐसा विस्फोट

होगा जिससे सारे के सारे दुश्मन मौत का ग्रास बन जाएंगे। और अगर उस हमले से कोई बच भी गया तो तुम उन्हें खत्म कर देना। इसके लिए तुम अपने आप को एक ऐसी जगह छुपा लेना जहाँ पर तुम सुरक्षित रह सको और उस विस्फोट के पश्चात तुरन्त हरकत कर सको– याद रहे। कमाण्डो रस्सी को मैंने जिस जी आर पर रखने के लिए कहा है वहीं रखना ताकि मैं आसानी से उस रस्सी तक पहुंच सकूं और वक्त पर हम अपना काम कर सके।

वीर का प्लान सुनने के पश्चात उस कमाण्डो ने वीर से कहा– सर आपका प्लान तो ठीक है पर इसमें आपकी जान को खतरा है। अगर जैसा हम सोच रहे हैं वैसा नहीं हुआ तब हम क्या करेंगे? अगर उन्होंने आपको देखते ही फायर कर दिया उस वक्त हम क्या करेंगे? उसकी बातों को सुन वीर मुस्कुराने लगा। उसने कहा– दोस्त जोखिम तो हर जगह है। हमारी जिंदगी सदैव जोखिम नामक चक्रव्यूह में घिरी रहती है। जो मनुष्य जोखिम से दोस्ती कर ले उसकी जिंदगी भी गुलाम हो जाती है। तुम मेरी परवाह न करो, याद रखो तुम्हारे पास सिर्फ २५ मिनट का समय होगा ओर उस २५ मिनट में ही तुम्हें अपने काम को अंजाम देना होगा। याद रहे दोस्त, यह जिंदगी हर किसी को एक मौका देती है। अपने जीवन को सफल बनाने के लिए और वह मौका आज हमें मिला है, आज हमें यह दिखा देना है कि भारत माँ के वीर सपूत कहीं भी कभी भी सफलता का ही वरण करते हैं। चाहे उस सफलता के लिए मौत के दरवाजे से ही क्यों न पार करना पड़े। दोस्त, सदैव एक बात याद रखना, कोई भी महान व वीरतापूर्ण कार्य सदैव निर्भीक होकर करने में ही सफलता मिलती है। इसलिए तुम मेरी चिंता मत करो, अपने

लक्ष्य पर ध्यान दो और याद रखो, इस मिशन की सफलता व असफलता हम सभी के कंधो पर बराबर टिकी हुई है। वीर की बातें सुनने के पश्चात वह कमाण्डो अपने काम को अंजाम देने के लिए अपनी दिशा में आगे बढ़ गया था। कुछ पल सोचने के पश्चात वीर भी तीव्र गति से उन आतंकियों की तरफ भागा, जैसे उसने उन लागों को देखा ही न हो।

वे सारे के सारे आतंकी भी झाड़ियों के हिलने से सकते में आ गए, जब वे सारे के सारे आतंकी वीर की दिशा में आगे कुछ दूर जान के पश्चात उन्हें वीर दिखा, उसको देखकर उन लोगों ने उसको रूकने के लिए कहा। वीर उनकी आवाज को नजरअंदाज करते हुए आगे बढ़ता गया और आतंकी भी उसको पकड़ने के लिये अपना जी–जान लगा चुके थे। वीर का प्लान काम कर रहा था। वे वीर को जिंदा ही पकड़ना चाहते थे शायद इसी वजह से वे उस पर गोलियाँ नहीं चला रहे थे। वे सभी वीर का पीछा शायद यह सोचकर कर रहे जैसे आज उनहें बहुत बड़ी सफलता मिलने वाली हो, पर शायद उन्हें इस बात का इल्म नहीं था कि वे खुद मौत के मुँह में उसका ग्रास बनने जा रहे थे। जब दूसरे कमाण्डो को यह यकीन हो गया था कि अब उसका रास्ता साफ हो गया और अब वह आसानी से अपने कार्य को अंजाम दे सकता है तब वह गड्ढे से बाहर निकला और चुप–चाप उस तरफ बढ़ा जहां पर आतंकियों की गाड़ियाँ खड़ी थीं। कुछ दूर चलने के पश्चात उसे गाड़ियाँ दिखने लगी वहां दो चार आतंकी थे जो शायद गाड़ियों की रखवाली कर रहे थे या यो शायद अपने बाकी साथियों के लिए इंफार्मेंट्स का काम करने वाले थे। यह नियम हर योद्धा अमल करता है। शायद इन आतंकियों ने भी किसी आपात स्थिति से निपटने के लिये यहाँ

डफारमेंट के लिए कुछ जवान छोड़े होंगे। अक्सर फौज को यह सिखाया जाता है कि चाहे कितना भी कठिन और विपरीत समय क्यों न हो उसे अपना संयम और धैर्य कभी नहीं खोना चाहिए। अक्सर जल्दबाजी और जो में लिये हुए फैसले सही नहीं होते। इसलिए वह कमाण्डो पहले दुश्मन की तादात और ताकत जान लेना सही समझा। इसके लिए उसने पहले चारों तरफ से झाड़ियों में छिपकर उन लोगों की तादात का जायजा लिया फिर उसने उनके चक्रव्युह को भेदने के लिए उनकी कमजोर कड़ी की तलाश की।

कुछ समय उपरान्त उसे सफलता मिल ही गई। उसने देखा कि सारे के सारे दाईं ओर ही खड़े थे। शायद उनको यह आभास था कि उनपर हमला दाईं तरफ से ही होगा। अक्सर कोई भी योद्धा ऐसा नहीं करता पर शायद उस कमाण्डो की किस्मत थी कि उसे दुश्मनों की तरफ से ऐसा सुनहरा मौका मिला था। पीछे की तरफ उन लोगों ने अपना सिर्फ एक ही आदमी छोड़ा था– उस कमाण्डो ने पीछे से जाकर पहले उस आतंकी के सिर पर जोरदार हमला किया और तुरन्त उसका मुंह दबाकर उसके गर्दन को इस तरह मोड़ जिससे उसका दम निकल गया। इससे पहले कि उस आतंकी के बाकी साथी कुछ समझ पाते उसने उस आतंकी का काम तमाम कर दिया था अब उसके पास दो विकल्प थे– एक, या तो वो शेर की तरह एक ही बार में इन गीदड़ों के ऊपर हमला बोल दे और उन्हें मौत के आगोश में भेज दे। और दूसरा विकल्प यह था कि बिना किसी को नुकसान पहुचाए चुप–चाप गाडियों में बम को प्लांट कर दे और बिना किसी आवाज के वहां से दूर चला जाए। उस कमाण्डो ने अपने दूसरे विकल्प को ही चुनने का फैसला किया,

और इस कार्य को पूर्ण करने के लिए उसने उस आतंकी के कपड़े पहने, और धीरे–धीरे पीछे से बिना किसी आवाज के सभी गाड़ियों में बम प्लांट करने लगा।

इधर वीर अपने पीछे लगे आतंकियों को चकमा देता हुआ अपनी मंजिल की तरफ बढ़ रहा था। उसे उन सभी को लेकर जल्द से जल्द उस ढलान की तरफ पहुंचना था जहा उसका दूसरा साथी उन लोगों के लिए जहनुम का टिकट लिए बैठा था। वे आतंकी भी शायद वीर को जिंदा पकड़ना चाहते थे। इसी वजह से वे उस पर सीधे तौर पर गोलियाँ नहीं चला पा रहे थे लेकिन वे उसको जल्द से जल्द पकड़ना चाहते थे। इस काम को पूरा करने के लिए वे अपना जी–जान लगा रहे थे। अचानक भागते–भागते वीर के पैरों पर एक गोली लगी। गोली लगते ही वीर जमीन पर गिर पड़ा। आतंकी भी अब तेजी से उसके तरफ बढ़ रहे थे ऐसा प्रतीत हो रहा था जैसे अब सब खत्म हो जाएगा। लेकिन वीर तो वीरों का वीर था. वो इतनी आसानी से उन आतंकियों के हाथ कहां आने वाला था।

किसी ने सच ही कहा है कि इन्सान भगवान की सबसे बड़ी संरचना है। इन्सानों के अंदर अद्भूत शक्ति होती है जो विपरीत परिस्थतियों में उसको महसूस होती है। अक्सर अगर हमें छोटी–मोटी चोट लगती रहती है और उसका दर्द भी अहसास बन जाता है पर बड़ी से बड़ी चोट का दर्द भी फिका लगने लगता है जब मौत सामने होती है। कुछ ऐसी ही परिस्थितियों में आज वीर भी फंसा था। मौत निरंतर उसके समीप बढ़ रही थी और वह जिंदगी के काफी करीब था। अब जिंदगी और मौत के बीच का चुनाव उसे ही करना था। अपने दम और हिम्मत के भरोसे और उसने अपने फर्ज को चुना,

अपनी पूरी ताकत लगाकर वह फिर उठा और अपनी मंजिल की तरफ बढ़ने लगा। किसी ने सच ही कहा है। 'हिम्मते मर्दा तो मददे खुदा' कुछ ऐसा ही आज उसके साथ हुआ। थोड़ी ही दूर जाने पर उसे लताओं वाले पेड दिख गए जो थोड़ी दूर पर ही फैले हुए थे। वे पेड़ शायद वीर कि मंजिल कि तरफ जाते थे। वीर ने उन लताओं को अब अपना मैं जिल व दोस्त बना लिया था। अब वह उन लताओं पर लटकते–लटकते अपनी मंजिल की तरफ बढ़ने लगा था। अब उसका दर्द उसके लिए दीवार नहीं था। आतकी भी अपने जी जान से उसके पीछे लगे हुए थे। इधर वीर का दूसरा साथी भी अपने काम को अंजाम दे चुका था। उसने पूरे एरिया को बमों की चादरों से सजा दिया था। अब उसे उन आतंकियों का इतजार था जो उस चादर में सोकर मौत के आगोस में जाने वाले थे। उस कमाण्डो ने अपने काम को अजाम देने के पश्चात अपने आप को एक सुरक्षित जगह पर छिपा लिया था।

वीर भी अब अपनी मंजिल की तरफ पहुंचने वाला था। किस्मत भी वीर के साथ थी। उसने जैसा सोचा था ठीक वैसा ही हो रहा था। आतंकी अपना जी–जान लगाकर वीर को जिंदा पकड़ने में लगे हुए थे। जब उन्हें लगा कि आगे ढलान है तब उन्होंने वीर को तीन तरफ से घेरने का फैसला किया। अब वीर और उन लोगों में ज्यादा फासला नहीं रह गया था। अब उन्हें यह सुनिश्चित हो गया था कि अब सफलता उनसे ज्यादा दूर नहीं है, यह सफलता किसकी थी, यह तो ऊपर वाला ही जानता था। अचानक् भागते–भागते वीर एक जगह पर रूक गया था। उसे आतकियों ने चारों तरफ से घेरना शुरू कर दिया था। उन की आखों में अजीब सी खुशी व सफलता की चमक थी। वे

धीरे–धीरे वीर की तरफ बढ़ रहे थे। उनमें से एक आतंकी ने वीर से कहा– फौजी तुम को हम लोगों ने चारों तरफ से घेर लिया है इसलिए बेहतर है। कि तुम अपने आप को हमारे हवाले कर दो, तुम्हारा बचना नामुमंकिन है। वीर धीरे–धीरे पीछे बढ़ रहा था।

इधर वीर का दूसरा साथी अपना पोजिशन लिए एक शेर की भांति शान्तिपूर्वक बैठा था। उसे बस उस वक्त का इन्तजार था। जब वो मौत का कहर बन कर उन लोगों पर टूटने वाला था। जब आतंकी वीर के काफी समीप आ गए तब वीर ने अपने अदम्य साहस के साथ फुर्ति से रस्सी के सहारे उस खाई की तरफ जंप लगा दिया। आतंकी कुछ समझ पाते उससे पहले एक जोरदार विस्फोट हुआ और उस विस्फ़ोट के साथ–साथ चारों तरफ से विस्फोट होने लगे थे। चारों तरफ सिर्फ चीख–पुकार और बारूद से उठे बवंडर का तुफान था।

चारों तरफ ऐसा प्रतीत हो रहा था जैसे कोई बहुत बड़ी ज्वालामुखी का विस्फोट हुआ हो और प्रलय आने वाला हो। हर तरफ सिर्फ और सिर्फ धूएं का गुब्बार था। इस विस्फोट की आवाज ने पूरे जंगल को दहलाकर रख दिया था। वीर का पहला कमाण्डो जिसने पहले से ही आतंकियों की गाड़ियों में बम लाया था यह विस्फोट उसके लिए भी एक संकेत था कि अब उसके कार्य को खत्म करने की बारी आ गयी है और उसने सही समय पर सही निर्णय लेते हुए गाड़ियों में लगे बमों पर चार्ज कर दिया जिससे उनकी गाड़ियां एक विस्फोटक आवाज के साथ हवा में उछलने लगी थीं। वह विस्फोट इतना भयानक था कि वहाँ खड़े आतंकियों को भी संभलने का मौका नहीं मिला और इसका फायदा उठाकर उस कमाण्डो ने बाकी बचे आतंकियों

को भी नरक का रास्ता दिखा दिया। इस दौरान वीर का दूसरा साथी जो वहीं पास में सुरक्षित स्थान पर छूपा हुआ था, वह भी मौत का कहर बनकर बचे हुए आतंकियों पर टूट पड़ा। आतंकियों को सभलने का एक पल भी मौका नहीं मिला जिससे उन्हें एक बहुत बड़ी सफलता मिल गयी थी। कुछ समय पश्चात वीर भी रस्सी के सहारे ऊपर आ गया था और उसका दूसरा साथी भी अपने काम को खत्म कर उनसे आ मिला था।

वीर और उसके साथियों ने जब यह सुनिश्चित कर लिया कि सारे के सारे आतंकी मारे गये है तब उसने हवा में तीन राउण्ड फायर किया बदले में उन्हें मनु की तरफ से दक्षिण की और से सिग्नल मिल गया था। अब उन्हें बस अपने बाकी के साथियों के पास पहुंचने की देर थी। वीर ने बिना एक पल गंवाए अपने साथियों को उस तरफ बढ़ने का आदेश दिया। कुछ पल चलने के पश्चात ही वे उनके काफी करीब पहुंच गये थे। इसी दौरान मनु ने भी वह सुरंगी रास्ता खोज लिया था जिसके सहारे उन्हें अपने वतन वापस लौटना था। वे बच्चों के साथ उस ओर बढ़ चले। वीर की हालत काफी गंम्भीर थी क्योंकि गोली लगने की वजह से उसके शरीर में रक्त की कमी हो रही थी और वह धीरे–धीरे कमजोर होता जा रहा था। मनु और उसके साथियों ने वीर का प्राथमिक उपचार किया। वीर मनु की तरफ देखकर मुस्कुराने लगा– और कहने लगा जब तक मेरे शरीर में लहू का एक कतरा भी बाकी है तब तक मैं तुम लोगों की हिफाजत करूंगा।

वीर और मनु अपने साथियों के साथ उस सुरंग में आगे बढ़ रहे थे कि तभी सामने से उन्हें और भी सैनिकों के आने की आहट सुनाई दी। पहले तो वे थोड़ा घबराए और उन्होंने किसी

भी आपात स्थिति से निपटने के लिए अपना पोजिशन ले लिया था। थोड़े समय पश्चात ही उनके सामने उनके ही साथी आते हुए दिखाई दिये जो उनकी सहायता हेतु आए थे। वे सभी सैनिक वीर की टीम को पाकर बहुत खुश हुए और तुरंत उन्हें लेकर अपने बेस हेडक्वार्ट्र चल दिये। इस दौरान वीर की हालत काफी नाजुक हो गयी थी। बेस में पहुंचने के पश्चात वीर को तुरंत सैनिक अस्पताल रेंफर कर दिया गया जहाँ उसका ईलाज शुरू हो गया था।

सभी को वीर की चिंता थी। सभी अपने ईष्ट से वीर के लिए प्रार्थना कर रहे थे लेकिन उसकी हालत में कोई सुधार नहीं हो रहा था। उसकी स्थिति हर वक्त बिगड़ती जा रही थी। डॉक्टर भी अपना हर संभव कोशिश कर रहे थे कि वह देश के इस लाल की जिन्दगी बचा सकें और अस्पताल के बाहर वीर से चाहने वालों का काफी हुजुम लगा हुआ था। तभी कर्नल विक्रम जी वहाँ आ गये। उन्होंने डॉक्टर से वीर की हालत के बारे में पूछताछ की और वीर से मिलने का अनुरोध किया। काफी मशक्कत के बाद डॉक्टर ने उन्हें वीर से मिलने के लिए इजाजत दे दिया। कर्नल विक्रम जब वीर के पास पहुंचे उस वक्त वह शायद निद्रा में था– पर उनके आने की आहट ने उसे उठा दिया था विक्रम जी को देखकर वह मुस्कुराने लगा और विक्रम जी नम आखों से वीर की तरफ देख रहे थे। भले ही वीर का विक्रम जी से कोई खून का रिश्ता न हो पर उनके बीच का रिश्ता खून के रिश्ते से भी काफी बड़ा था। वीर ने विक्रम जी से कहा– सर' जिन्दगी और मौत तो एक सिक्के के दो पहलू होते हैं पर इन्सान को मिली हुई जिन्दगी ईश्वर के द्वारा दिये हुए उस नायाब तोहफे की तरह होती है जिसमें सिर्फ और सिर्फ

इन्सानियत और प्रेम हो। मुझे इस बात का दुःख नहीं कि आज मेरा इस दुनिया में कोई नहीं, बल्कि इस बात का दुःख है कि आज इन्सान इस हद तक घिर गया है कि वह अपने निजी स्वार्थ हेतु किसी की भी बलि दे सकता है। वे बच्चे जिन्होंने अभी ठीक से दुनिया भी नहीं देखी उन्हें आज जिन्दगी का यह भयावह सच देखना पड़ रहा है जिसमें उन्हें सिर्फ निराशा और अंधकार ही हाथ आने वाली है। मौत तो हर किसी की आनी है पर जिन्दगी इतनी भी बेकार नहीं कि हम उसे यूहीं ही बिना किसी मकसद के बर्बाद कर दें।

आज का समाज न जाने क्यों इतना स्वार्थी हो गया है कि वह हर घड़ी हर वक्त दूसरे इंसान को अपने से नीचा दिखाने के लिए किसी भी हद तक जाने को विवश हो गया है। आज के समय में प्रेम और त्याग दोनों की ही परिभाषा बदल गयी है।

सर' मेरी इच्छा है कि मेरे मरने के पश्चात मेरी अंत्येष्ठि राघवपुर में ही की जाये जहाँ पर मैंने अपनी जिन्दगी की शुरूआत की थी और मेरा सबकुछ मेरी माँ व मेरी बहन को दे दिया जाये इतना कहते–कहते ही अचानक वीर की आखें बन्द होने लगीं और वह चिर निन्द्रा में लीन हो गया। वीर की मौत ने हम सभी को काफी झकझोर दिया था। उसने कभी जिन्दगी से कोई शिकायत नहीं की पर उसे हमेंशा अपने आप से एक शिकायत रही की उसने ऐसा कौन– सा पाप किया था जिसकी वजह से उसका दुनिया ने बहिष्कार किया था। उसके अपने माँ– बाप ने उसका परित्याग किया और उसकी अपनी जिन्दगी ने भी उसका साथ कभी नहीं दिया।